Impressum
Verlag: BABADADA GmbH, Nedderfeld 112 , 22529 Hamburg
Geschäftsführer / Verlagsleitung: Harald Hof
Druck: Books on Demand GmbH, In de Tarpen 42, 22848 Norderstedt

Imprint
Publisher: BABADADA GmbH, Nedderfeld 112 , 22529 Hamburg, Germany
Managing Director / Publishing direction: Harald Hof
Print: Books on Demand GmbH, In de Tarpen 42, 22848 Norderstedt, Germany

класна стая
el aula

деление
dividir

186/2

черна дъска
la pizarra

училищен двор
el patio

учител
el maestro/a

хартия
el papel

пиша
escribir

химикал
el bolígrafo

бюро
el escritoria

пиша
escribir

линеал
la regla

книга
el libro

ученик
el alumno/a

ученическа раница

la cartera

ученически несесер

la caja de lápices

молив

el lápiz

острилка за моливи

el sacapuntas

гума

la goma de borrar

блок за рисуване

el cuaderno de dibujo

рисунка

el dibujo

четка

el pincel

акварелни бои

la caja de pinturas

ножица

las tijeras

лепило

el pegamento

тетрадка за упражнения

el cuaderno de ejercicios

домашна работа

los deberes

числo

el número

събиране

sumar

изваждане

restar

умножение

multiplicar

смятане

calcular

буква

la letra

азбука

el alfabeto

дума

la palabra

текст

el texto

чета

leer

тебешир

la tiza

час

la lección

дневник на класа

el cuaderno de notas

изпит

el examen

свидетелство

el certificado

ученическа униформа

el uniforme

образование

la educación

справочник

la enciclopedia

университет

la universidad

микроскоп

el microscopio

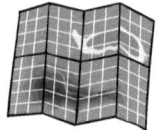

карта

el mapa

кошче за хартиени
отпадъци

la papelera

пътуване
el viaje

Grand
хотел
el hotel
хостел
el albergue
ROOMS
бменно бюро
a oficina de cambio de divisas
куфар
la maleta
кола
el coche

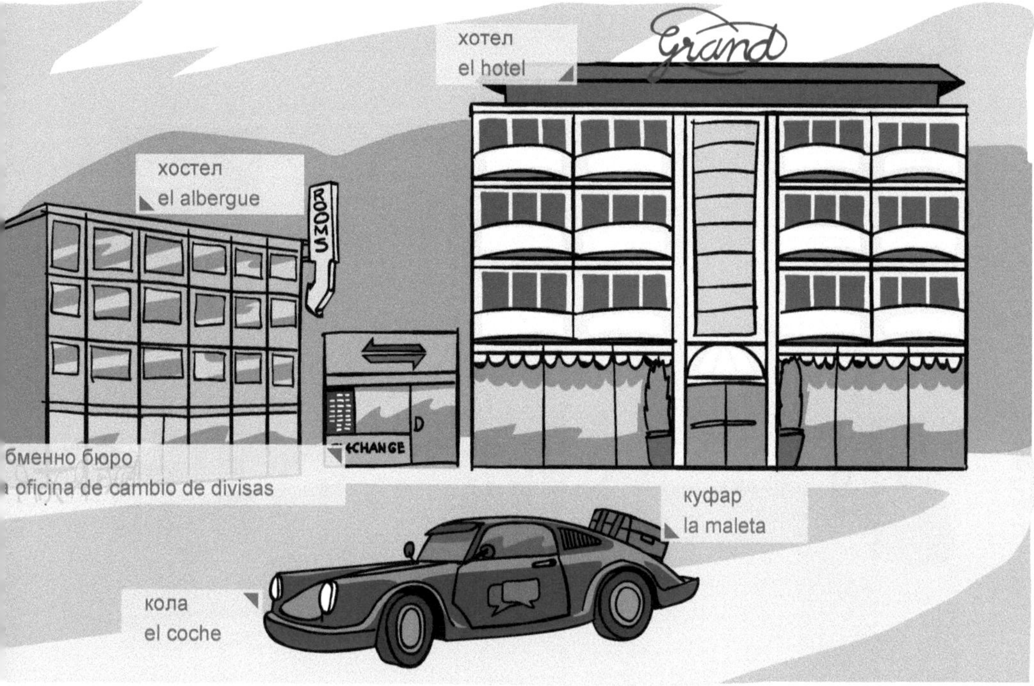

език
el idioma

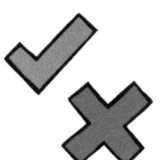

да / не
sí / no

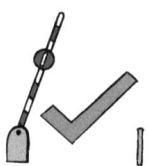

Окей
Vale

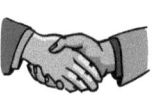

здравей
hola

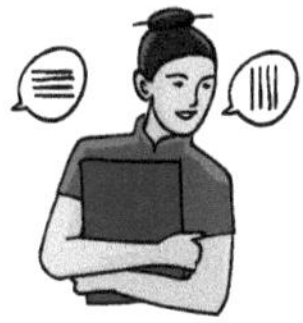

преводач
el traductor

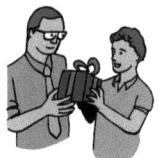

Благодаря
Gracias

Колко струва…?

¿cuánto es…?

Не разбирам

No entiendo

проблем

el problema

Добър вечер!

¡Buenas tardes!

Добро утро!

¡Buenos días!

Лека нощ!

¡Buenas noches!

довиждане

adiós

посока

la dirección

багаж

el equipaje

пътна чанта

la bolsa

раница

la mochila

посетител

el invitado

стая

la habitación

спален чувал

el saco de dormir

палатка

la tienda de campaña

туристическа информация

la información turística

плаж

la playa

кредитна карта

la tarjeta de crédito

закуска

el desayuno

обед

el almuerzo

вечеря

la cena

билет

el billete

асансьор

el ascensor

пощенска марка

el sello

граница

la frontera

митница

la aduana

посолство

la embajada

виза

la visa

паспорт

el pasaporte

транспорт
el transporte

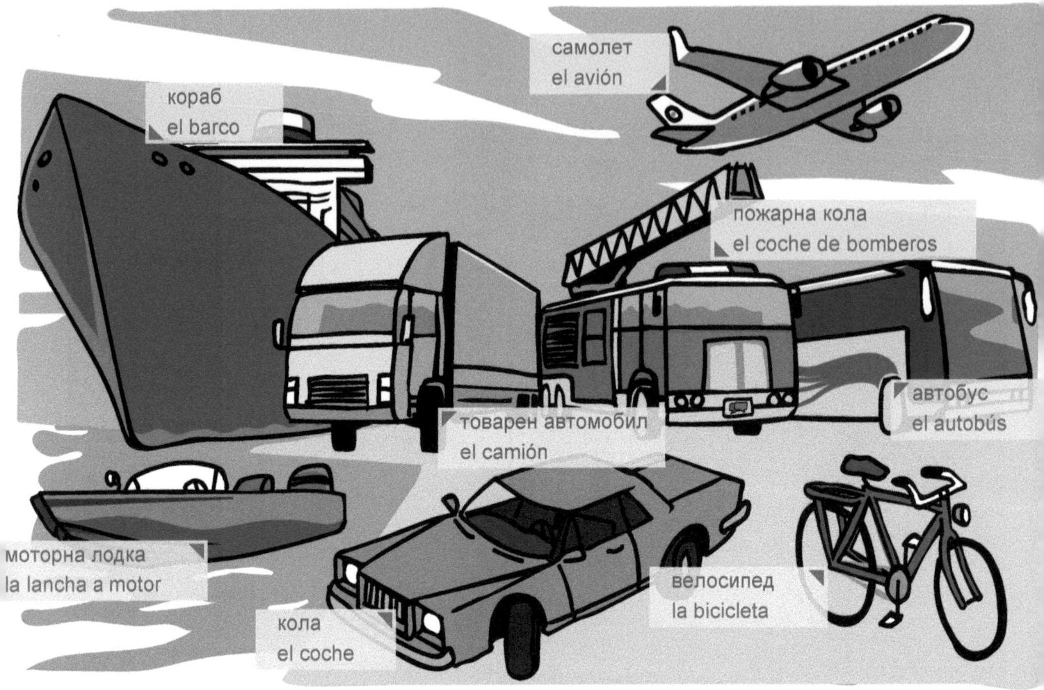

самолет
el avión

кораб
el barco

пожарна кола
el coche de bomberos

товарен автомобил
el camión

автобус
el autobús

моторна лодка
la lancha a motor

велосипед
la bicicleta

кола
el coche

ферибот
el transbordador

лодка
la barca

мотоциклет
la moto

полицейска кола
el coche de policía

състезателна кола
el coche de carreras

кола под наем
el coche de alquiler

каршеринг

el préstamo de vehículos

автомобил от "Пътна помощ"

la grúa

сметовоз

el camión de la basura

двигател

el motor

бензин

la gasolina

бензиностанция

la gasolinera

пътен знак

la señal de tráfico

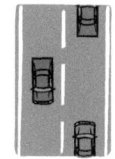

улично движение

el tráfico

задръстване

el atasco

паркинг

el aparcamiento

гара

la estación de tren

релси

las vías

влак

el tren

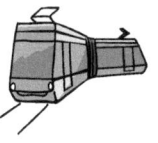

трамвай

el tranvía

вагон

el vagón

хеликоптер

el helicóptero

аерогара

el aeropuerto

кула

la torre

пасажер

el pasajero

контейнер

el contenedor

кашон

la caja de cartón

ръчна количка

la carretilla

кошница

la cesta

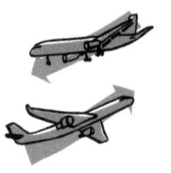

излитам / приземявам се

despegar / aterrizar

град

la ciudad

село

el pueblo

градски център

el centro de la ciudad

къща

la casa

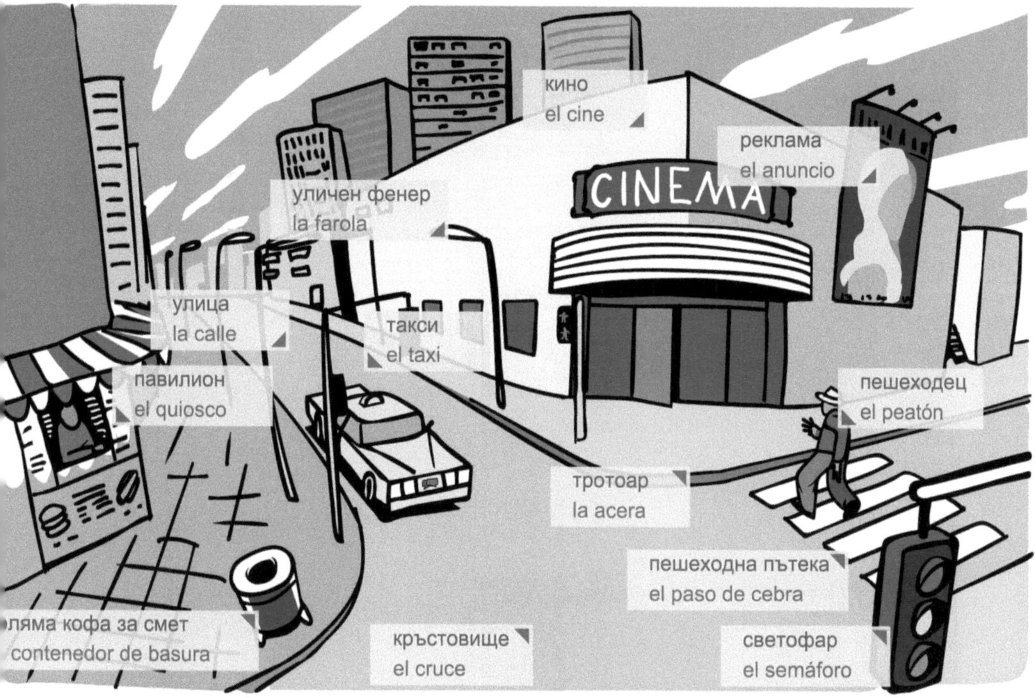

кино
el cine

реклама
el anuncio

уличен фенер
la farola

улица
la calle

такси
el taxi

павилион
el quiosco

пешеходец
el peatón

тротоар
la acera

пешеходна пътека
el paso de cebra

голяма кофа за смет
contenedor de basura

кръстовище
el cruce

светофар
el semáforo

хижа

la cabaña

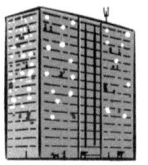

жилище

el apartamento

гара

la estación de tren

кметство

el ayuntamiento

музей

el museo

училище

la escuela

университет

la universidad

банка

el banco

болница

el hospital

хотел

el hotel

аптека

la farmacia

офис

la oficina

книжарница

la librería

магазин за цветя

la tienda de campaña

магазин за цветя

la floristería

супермаркет

el supermercado

пазар

el mercado

универсален магазин

los grandes almacenes

търговец на риба

la pescadería

търговски център

el centro comercial

пристанище

el puerto

парк

el parque

пейка

el banco

мост

el puente

стълба

las escaleras

метро

el metro

тунел

el túnel

автобусна спирка

la parada de autobús

бар

el bar

ресторант

el restaurante

пощенска кутия

el buzón

улична табелка

el poste indicador

часовник за паркинг
престой

el parquímetro

зоологическа градина

el zoo

плувен басейн

la piscina

джамия

la mezquita

селски двор

la granja

замърсяване на околната среда

la contaminación

гробище

el cementerio

църква

la iglesia

детска площадка

el patio de juego

храм

el templo

пейзаж
el paisaje

листо
la hoja

пътепоказател
la señal

път
el camino

ливада
el prado

камък
la piedra

дърво
el árbol

пътешественик
el excursionista

река
el río

трева
la hierba

цвете
la flor

долина

el valle

планина

la colina

море

el lago

гора

el bosque

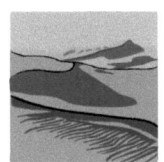

пустиня

el desierto

вулкан

el volcán

замък

el castillo

дъга

el arcoíris

гъба

el champiñón

палма

la palmera

комар

el mosquito

муха

la mosca

мравка

la hormiga

пчела

la abeja

паяк

la araña

бръмбар

el escarabajo

жаба

la rana

катеричка

la ardilla

таралеж

el erizo

заек

la liebre

кукумявка

la lechuza

птица

el pájaro

лебед

el cisne

диво прасе

el jabalí

елен

el ciervo

лос

el alce

бент

la presa

вятърна турбина

la turbina eólica

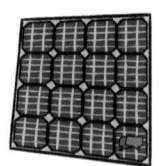

соларен модул

el panel solar

климат

el clima

ресторант
el restaurante

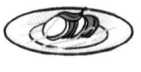

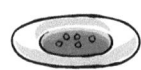

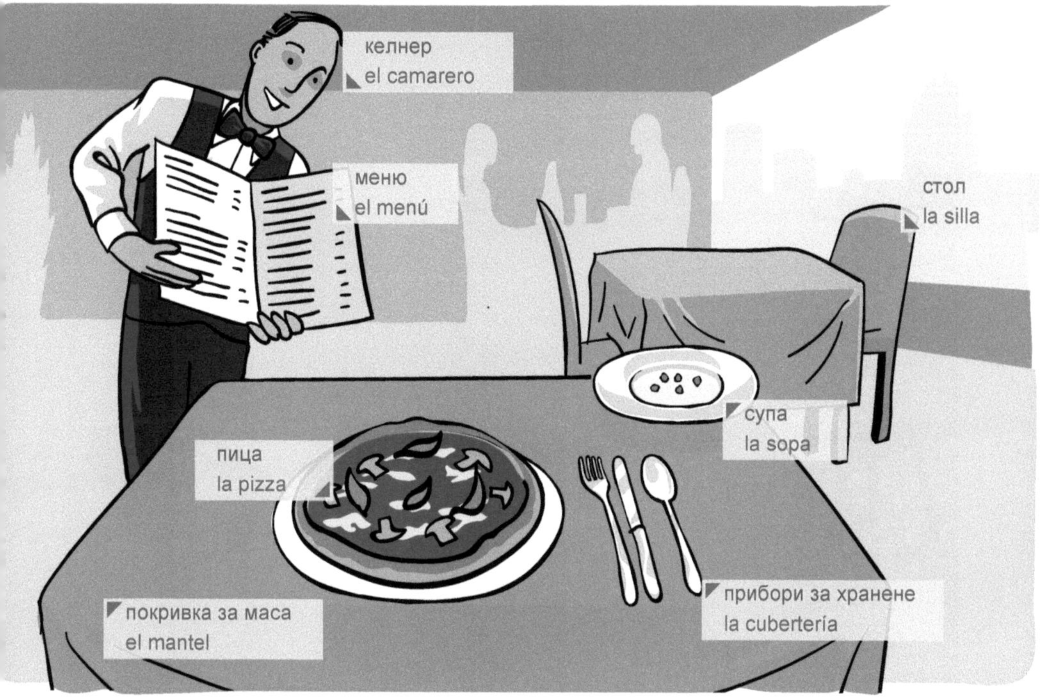
келнер
el camarero
меню
el menú
стол
la silla
супа
la sopa
пица
la pizza
прибори за хранене
la cubertería
покривка за маса
el mantel

предястие

el primer plato

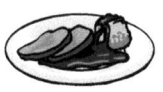

основно ястие

el plato principal

десерт

el postre

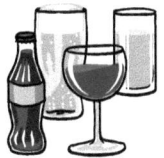

напитки

las bebidas

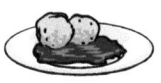

ядене

la comida

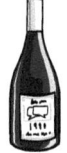

бутилка

la botella

бързо хранене

la comida rápida

улична храна

la comida callejera

кана за чай

la tetera

кутия за захар

el azucarero

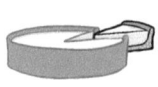

порция

la porción

еспресо машина

la cafetera expreso

висок детски стол

la trona

сметка

la cuenta

табла

la bandeja

ножица за нокти

el cuchillo

вилица

el tenedor

лъжица

la cuchara

чаена лъжичка

la cucharilla

салфетка

la servilleta

стъклена чаша

el vaso

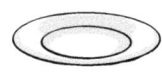

чиния

el plato

чиния за супа

el plato hondo

чинийка

el platillo

сос

la salsa

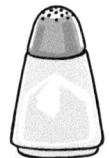

солница

el salero

мелничка за черен пипер

el molinillo de pimienta

оцет

el vinagre

олио

el aceite

подправки

las especias

кетчуп

el ketchup

горчица

la mostaza

майонеза

la mayonesa

супермаркет

el supermercado

оферта
la oferta especial
FOR
клиент
el cliente
млечни продукти
los lácteos
плодове
la fruta
количка за покупки
el carro de compra

BUTCHERS

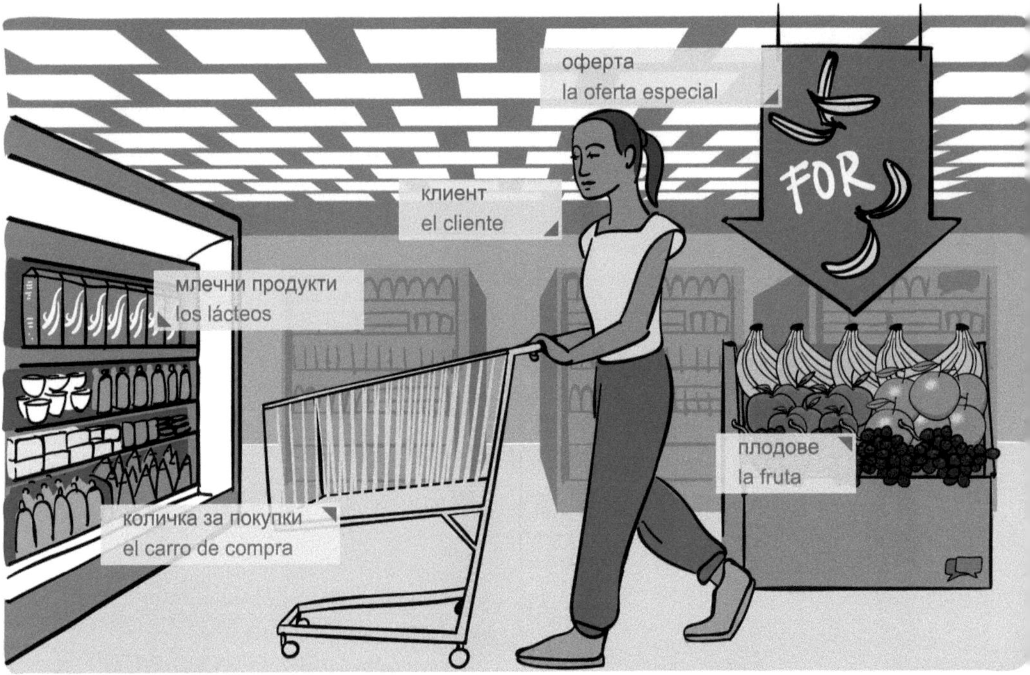

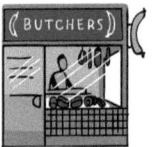

кланица

la carniceria

BAKERY

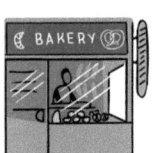

хлебарница

la panadería

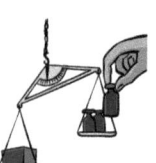

тегля

pesar

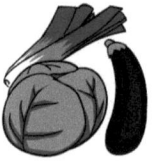

зеленчуци

las verduras

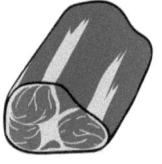

месо

la carne

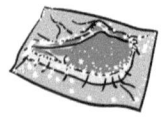

дълбоко замразена храна

los alimentos congelados

нарязан колбас или сирене
los fiambres

консерви
las conservas

перилен препарат
el detergente en polvo

лакомства
los dulces

домакински изделия
productos de uso doméstico

почистващи препарати
productos de limpieza

продавачка
la vendedora

каса
la caja de cartón

касиер
el cajero

списък на покупките
la lista de la compra

работно време
el horario de atención al público

портфейл
la cartera

кредитна карта
la tarjeta de crédito

чанта
la bolsa de plástico

пластмасова торба
la bolsa de plástico

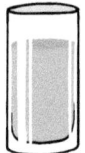

вода
el agua

сок
el zumo

мляко
la leche

кола
la cola

вино
el vino

бира
la cerveza

алкохол
el alcohol

какао
el cacao

чай
el té

кафе машина
el café

еспресо
el expreso

капучино
el capuchino

банан

el plátano

ябълка

la manzana

портокал

la naranja

пъпеш

el melón

лимон

el limón

морков

la zanahoria

чесън

el ajo

бамбук

el bambú

лук

la cebolla

гъба

el champiñón

ядки

las avellanas

макарони

los fideos

спагети

las espagueti

ориз

el arroz

салата

la ensalada

пържени картофи

las patatas fritas

печени картофи

las patatas fritas

пица

la pizza

хамбургер

la hamburguesa

сандвич

el sándwich

шницел

el filete

шунка

el jamón

траен колбас

le salami

салам

la salchicha

пиле

el pollo

печено

el asado

риба

el pescado

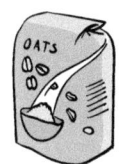

овесени ядки

los copos de avena

мюсли

el muesli

корнфлейкс

los copos de maíz

брашно

la harina

кроасан

el cruasán

хлебчета

el panecillo

хляб

el pan

препечена филийка

la tostada

бисквити

las galletas

масло

la mantequilla

извара

la cuajada

сладкиш

el pastel

яйце

el huevo

яйца на очи

el huevo frito

сирене

el queso

сладолед

el helado

захар

el azúcar

мед

la miel

мармалад

la mermelada

нуга крем

la crema de turrón

къри

el curry

селски двор

la granja

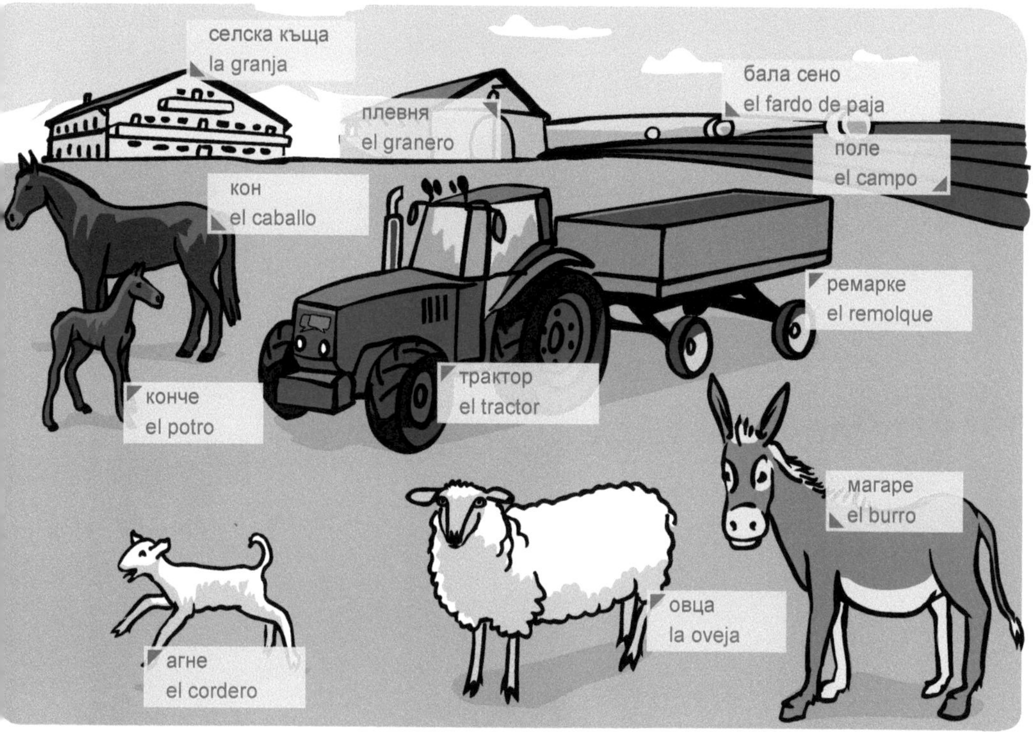

селска къща
la granja
плевня
el granero
бала сено
el fardo de paja
поле
el campo
кон
el caballo
ремарке
el remolque
трактор
el tractor
конче
el potro
магаре
el burro
овца
la oveja
агне
el cordero

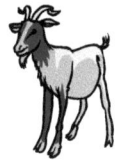

коза

la cabra

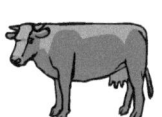

крава

la vaca

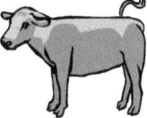

теле

el ternero

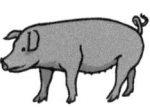

свиня

el cerdo

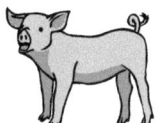

прасенце

el cerdito

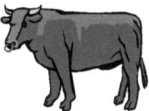

бик

el toro

гъска

el ganso

патица

el pato

пиленце

el pollo

кокошка

la gallina

петел

el gallo

плъх

la rata

котка

el gato

мишка

el ratón

вол

el buey

куче

el perro

кучешка колиба

la perrera

градински маркуч

la manguera

лейка

la regadera

коса

la guadaña

плуг

el arado

сърп
la hoz

мотика
la azada

вила за тор
la horca

брадва
el hacha

ръчна количка
la carretilla

корито
el abrevadero

съд за мляко
la lechera

чувал
el saco

ограда
la valla

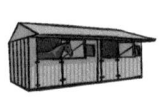

обор
el establo

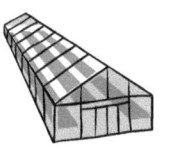

парник
el invernadero

земя
el suelo

сеитба
la semilla

тор
el fertilizador

комбайн
la cosechadora

жъна

cosechar

реколта

la cosecha

ямс

el ñame

жито

el trigo

соя

el soja

картоф

la patata

царевица

el maíz

рапица

la semilla de colza

овощно дърво

el árbol frutal

маниока

la mandioca

зърнени храни

las cereales

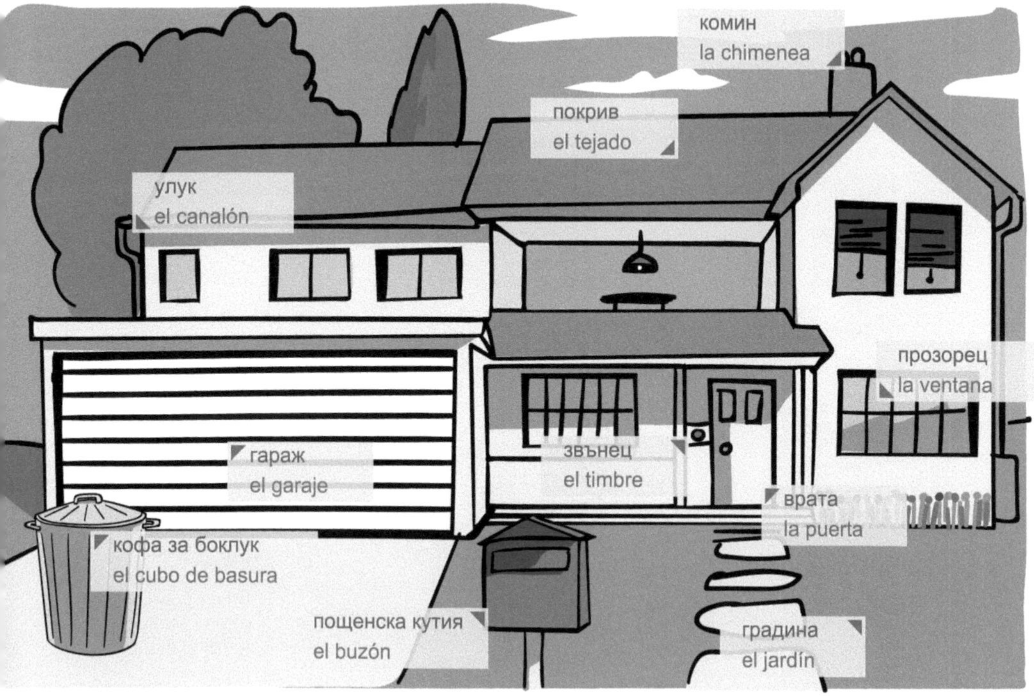

комин
la chimenea

покрив
el tejado

улук
el canalón

прозорец
la ventana

гараж
el garaje

звънец
el timbre

врата
la puerta

кофа за боклук
el cubo de basura

пощенска кутия
el buzón

градина
el jardín

всекидневна
la sala

баня
el cuarto de baño

кухня
la cocina

спалня
el dormitorio

детска стая
la habitación de los niños

трапезария
el comedor

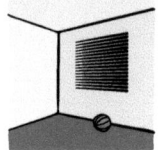

под
el suelo

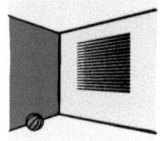

стена
la pared

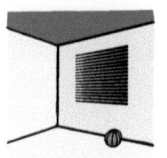

таван
el techo

изба
el sótano

сауна
la sauna

балкон
el balcón

тераса
la terraza

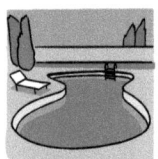

плувен басейн
la piscina

косачка
el cortacésped

спално бельо
la sábana

покривка за легло
la colcha

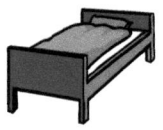

легло
la cama

метла
la escoba

кофа
el balde

електрически ключ
el interruptor

всекидневна

la sala

тапет
el papel pintado
картина
la imagen
лампа
la lámpara
рафт
el estante
шкаф
el armario
телевизор
la televisión
камина
la chimenea
цвете
la flor
възглавница
el cojín
канапе
el sofá
ваза
el jarrón
дистанционно управление
el mando a distancia

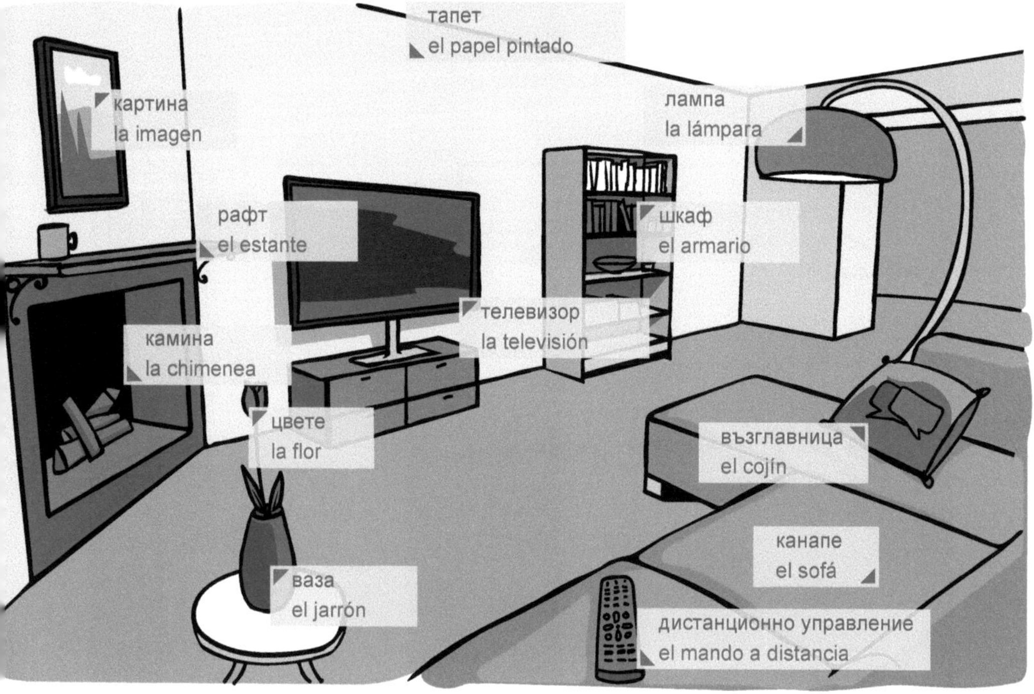

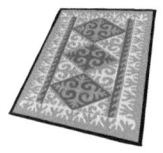

килим

la alfombra

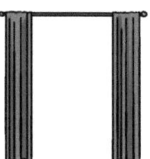

завеса

la cortina

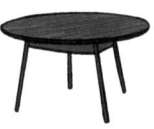

маса

la mesa

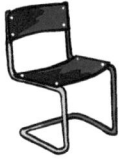

стол

la silla

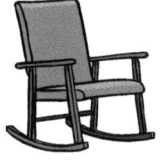

люлеещ се стол

el mecedora

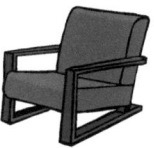

кресло

la butaca

книга
....
el libro

одеяло
....
la manta

декорация
....
la decoración

дърва за отопление
....
la leña

филм
....
la película

стерео уредба
....
el equipo de música

ключ
....
la llave

вестник
....
el periódico

живопис
....
la pintura

постер
....
el póster

радио
....
la radio

бележник
....
el cuaderno

прахосмукачка
....
la aspiradora

кактус
....
el cactus

свещ
....
la vela

кухня
la cocina

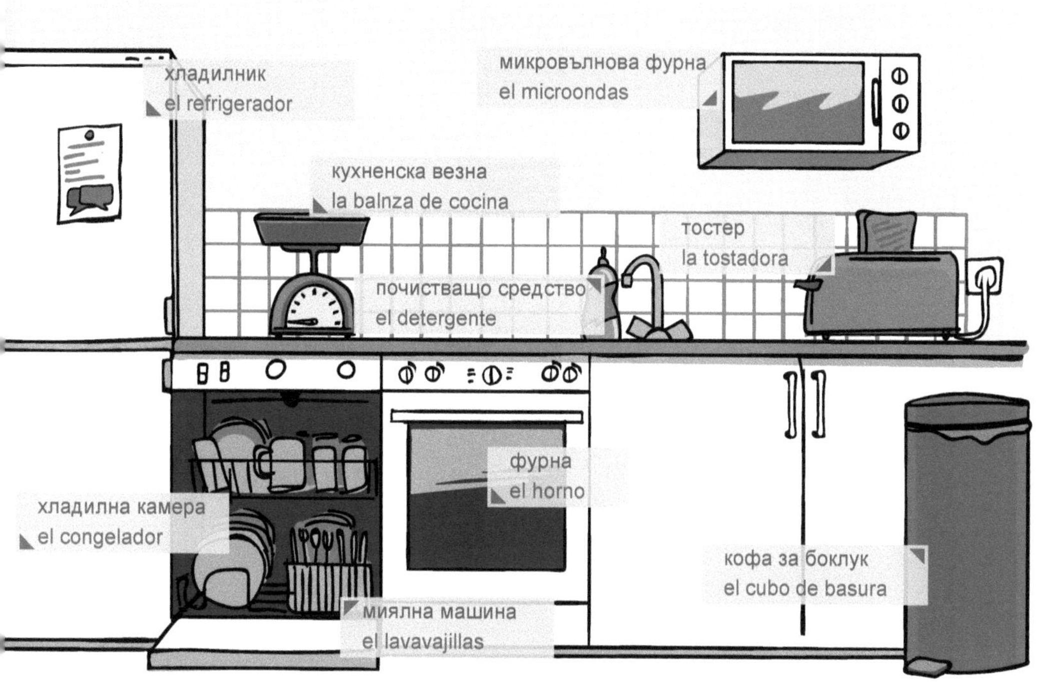
хладилник
el refrigerador
микровълнова фурна
el microondas
кухненска везна
la balnza de cocina
тостер
la tostadora
почистващо средство
el detergente
фурна
el horno
хладилна камера
el congelador
кофа за боклук
el cubo de basura
миялна машина
el lavavajillas

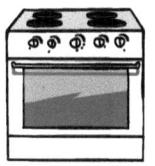

готварска печка
....
la olla a presión

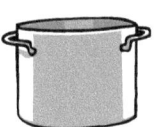

тенджера
....
la olla

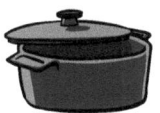

желязна тенджера
....
la olla de hierro fundido

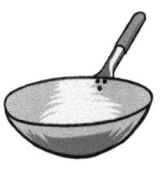

уок / кадаи
....
el wok

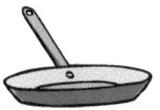

тиган
....
la cazuela

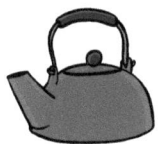

кана за затопляне на вода
....
el hervidor

уред за готвене на пара

la vaporera

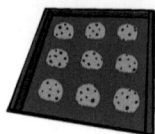

тава за печене

la chapa de horno

съдове

la vajilla

чаша

la taza

купа

el tazón

клечки за хранене

los palillos

черпак

el cucharón

лопатка за тиган

la espumadera

тел за разбиване (на яйца, белтъци)

el batidor

кошница за варене

el colador

гевгир

el cedazo

ренде

el rallador

хаван

el mortero

барбекю

la barbacoa

огнище

la hoguera

дъска

la tabla de picar

точилка

el rodillo

тирбушон

el sacacorchos

кутия

la lata

отварачка за консерви

el abrelatas

кухненска ръкохватка

el agarrador

мивка

el lavabo

четка

el cepillo

гъба

la esponja

миксер

la batidora

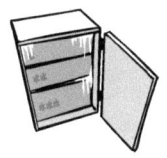

фризер

el congelador

бебешко шише

el biberón

воден кран

el grifo

баня

el cuarto de baño

отопление
la calefacción
хавлиена кърпа
la toalla
душ
la ducha
завеса за баня
la cortina de la ducha
шампоан за вана
el baño de espuma
вана
la bañera
стъклена чаша
el vaso
перална машина
la lavadora
воден кран
el grifo
плочки
las baldosas
гърне
el orinal
мивка
el lavabo

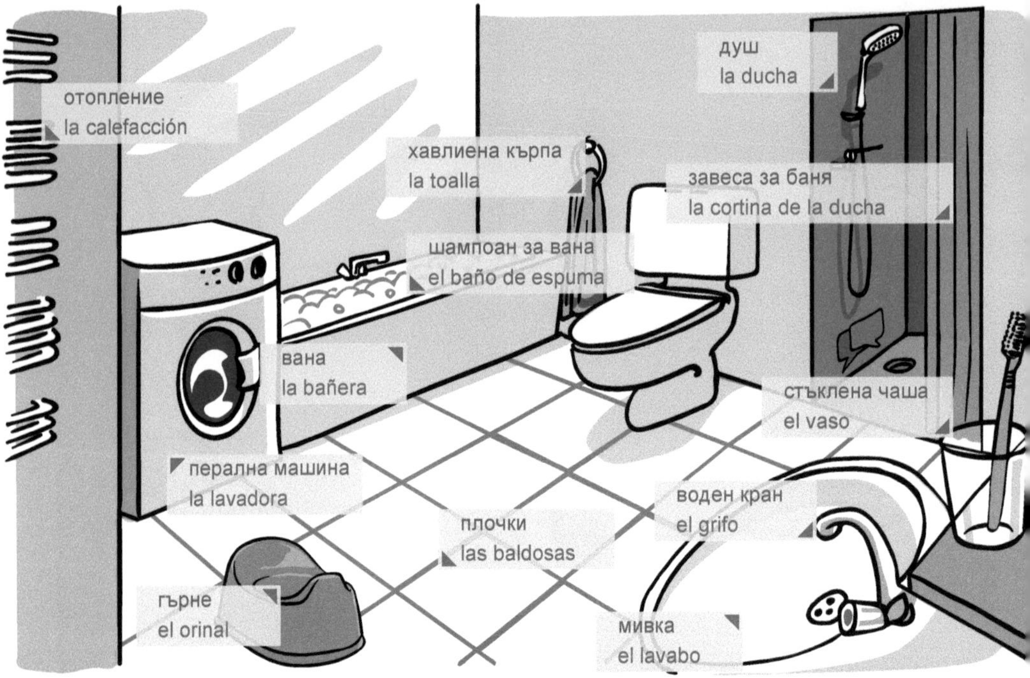

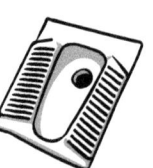

тоалетна

el inodoro

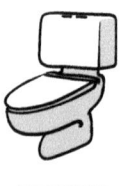

клекало

el inodoro rústico

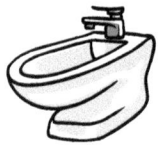

биде

el bidé

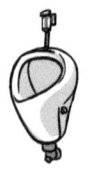

писоар

el urinario

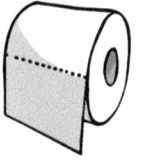

тоалетна хартия

el papel higiénico

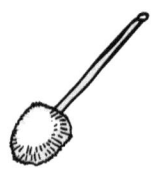

четка за тоалетна

la escobilla del váter

четка за зъби

el cepillo de dientes

паста за зъби

la pasta de dientes

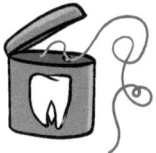

конец за зъби

el hilo dental

мия

lavar

ръчен душ

la ducha de mano

интимен душ

la ducha íntima

леген

la pila

четка за гръб

el cepillo de espalda

сапун

el jabón

душ гел

el gel de ducha

шампоан за вана

el champú

гъба за баня

la toallita

сифон

el desagüe

крем

la crema

дезодорант

el desodorante

огледало

el espejo

козметично огледало

el espejo de tocador

ръчна самобръсначка

la maquinilla de afeitar

пяна за бръснене

la espuma de afeitar

одеколон за след бръснене

la loción postafeitado

гребен

el peine

четка

el cepillo

сешоар

el secador

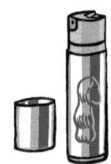

спрей за коса

la laca

грим

el maquillaje

червило

el pintalabios

лак за нокти

el pintauñas

памук

el algodón

ножица за нокти

el cortauñas

парфюм

el perfume

тоалетна чантичка

el estuche de viaje

табуретка

la banqueta

везна

la balanza

хавлия

el albornoz

домакински ръкавици

los guantes de goma

тампон

el tampón

дамски превръзки

la compresa

химическа тоалетна

el inodoro químico

детска стая
la habitación de los niños

будилник
el despertador
плюшена играчка
el peluche
автомобил играчка
el coche de juguete
дрънкалка
el sonajero
къща за кукли
la casa de muñecas
подарък
el regalo

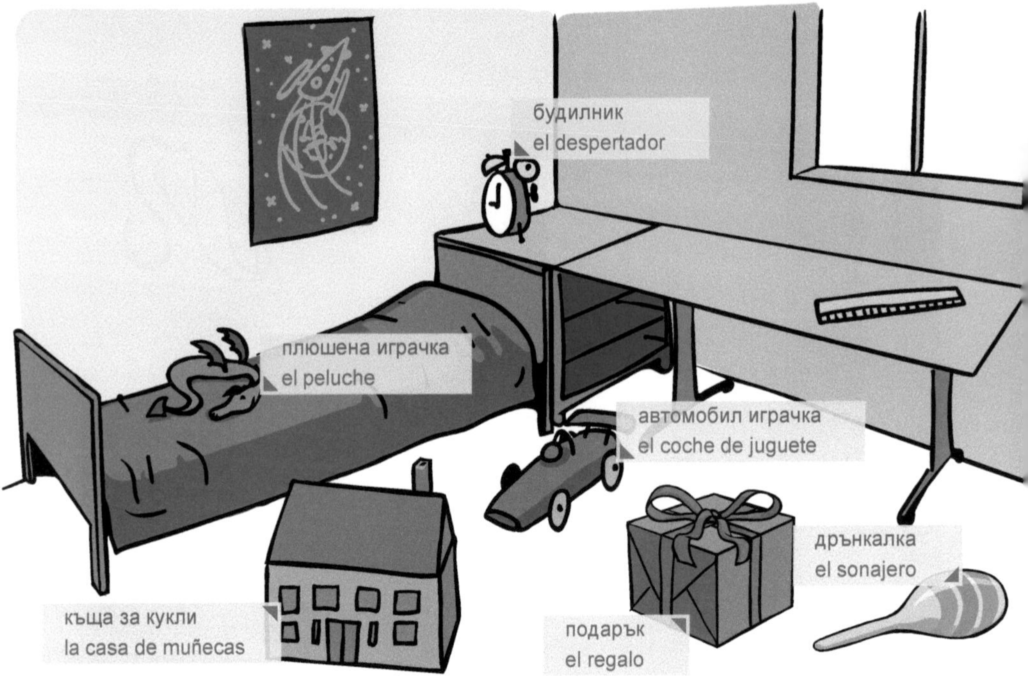

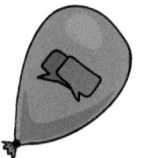

балон
el globo

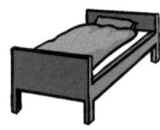

легло
la cama

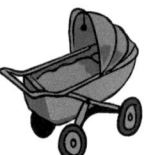

детска количка
el coche de niño

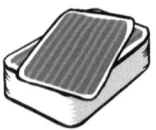

игра на карти
los naipes

пъзел
el puzle

SUPER MEGA

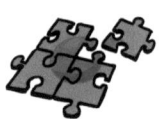

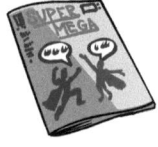

комикс
el tebeo

лего елементи

las piezas de lego

строителни елементи

los bloques de juguete

екшън фигурка

la figura de acción

бебешки гащеризон

el bodi (de bebé)

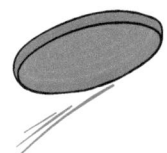

фрисби

el frisbee

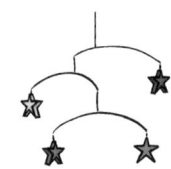

бебешки играчки за легло

el colgador móvil para bebés

настолна игра

el juego de mesa

зарче

los dados

миниатюрно влакче

el circuito de tren eléctrico

биберон

el maniquí

парти

la fiesta

детска книга с илюстрации

el álbum de fotos

топка

la pelota

кукла

la muñeca

играя

jugar

пясъчник

el cajón de arena

люлка

el columpio

играчка

los juguetes

игрова конзола

la videoconsola

велосипед с три колелета

el triciclo

плюшено мече

el oso de peluche

гардероб

la guardarropa

облекло

la ropa

къси чорапи

los calcetines

дълги чорапи

las medias

чорапогащник

los leotardos

шал
la bufanda

чадър
el paraguas

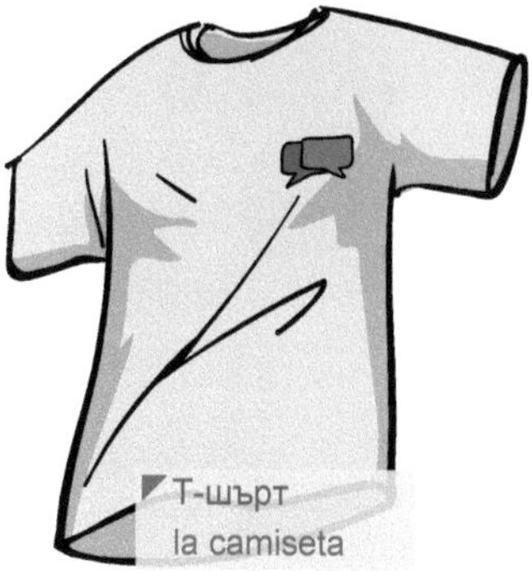

Т-шърт
la camiseta

колан
el cinturón

ботуши
las botas

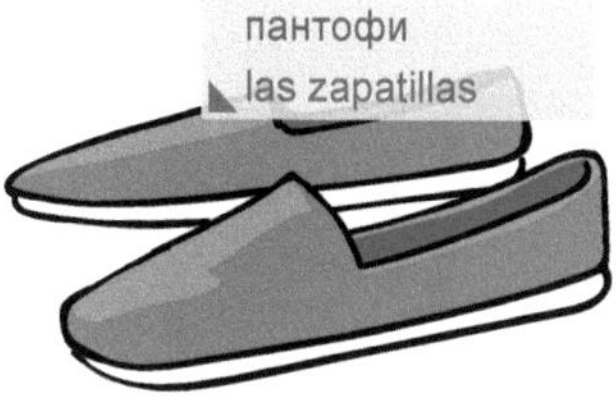

пантофи
las zapatillas

гуменки
las deportivas

сандали

las sandalias

обувки

los zapatos

гумени ботуши

las botas de goma

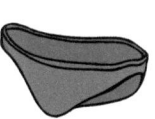

слип

el slip

сутиен

el sostén

долна блуза

el chaleco

боди

el bodi

панталон

los pantalones cortos

дънки

los vaqueros

пола

la falda

блуза

la blusa

риза

la camisa

пуловер

el jersey

суичър

el suéter

блейзър

el blazer

яке

la chaqueta

палто

el abrigo

дъждобран

la gabardina

костюм

el traje

рокля

el vestido

булчинска рокля

el vestido de novia

костюм

el traje

нощница

el camisón

пижама

el pijama

сари

el sati

кърпа за глава

el bandana

тюрбан

el turbante

бурка

la burka

кафтан

el caftán

абая

la abaya

бански костюм

el traje de baño

плувни шорти

el bañador

къс панталон

los pantalones cortos

анцуг

el chándal

престилка

el delantal

ръкавици

los guantes

копче

el botón

очила

las gafas

гривна

el brazalete

верижка

el collar

пръстен

el anillo

обеца

el pendiente

каскет

la gorra

закачалка

la percha

шапка

el sombrero

вратовръзка

la corbata

цип

la cremallera

каска

el casco

тиранти

los tirantes

ученическа униформа

el uniforme

униформа

el uniforme

лигавник
el babero

биберон
el maniquí

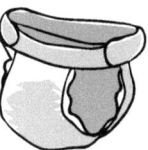

пелена
el pañal

офис
la oficina

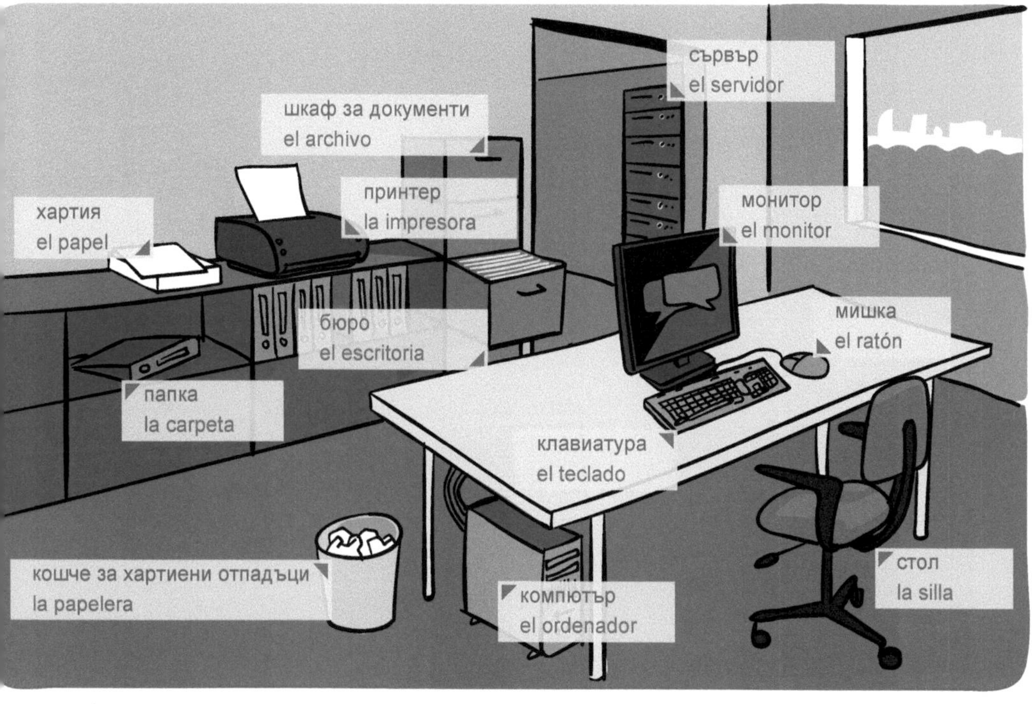

сървър
el servidor

шкаф за документи
el archivo

принтер
la impresora

монитор
el monitor

хартия
el papel

мишка
el ratón

бюро
el escritoria

папка
la carpeta

клавиатура
el teclado

кошче за хартиени отпадъци
la papelera

стол
la silla

компютър
el ordenador

чаша за кафе
la taza de café

джобен калкулатор
la calculadora

интернет
el internet

лаптоп

el portátil

писмо

la carta

съобщение

el mensaje

мобилен телефон

el móvil

мрежа

la red

ксерокс

la fotocopiadora

софтуер

el software

телефон

el teléfono

контакт

la toma de corriente

факс

el fax

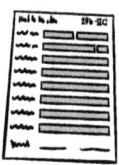

формуляр

el formulario

документ

el documento

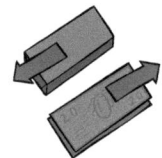

купувам

comprar

плащам

pagar

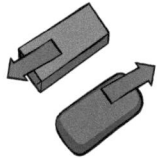

търгувам

comerciar

пари

el dinero

USD

долар

el dólar

EUR

евро

el euro

JPY

йена

el yen

RUB

рубла

el rublo

CHF

швейцарски франк

el franco suizo

CNY

ренминби юан

el renminbi yuan

INR

рупия

la rupia

банкомат

el cajero automático

обменно бюро

la oficina de cambio de divisas

злато

el oro

сребро

la plata

нефт

el petróleo

енергия

la energía

цена

el precio

договор

el contrato

данък

el impuesto

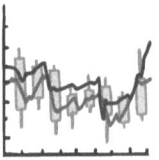

акция

la acción

работя

trabajar

служител

el empleador

работодател

el empleador

фабрика

la fábrica

магазин за цветя

la tienda de campaña

професии
los oficios

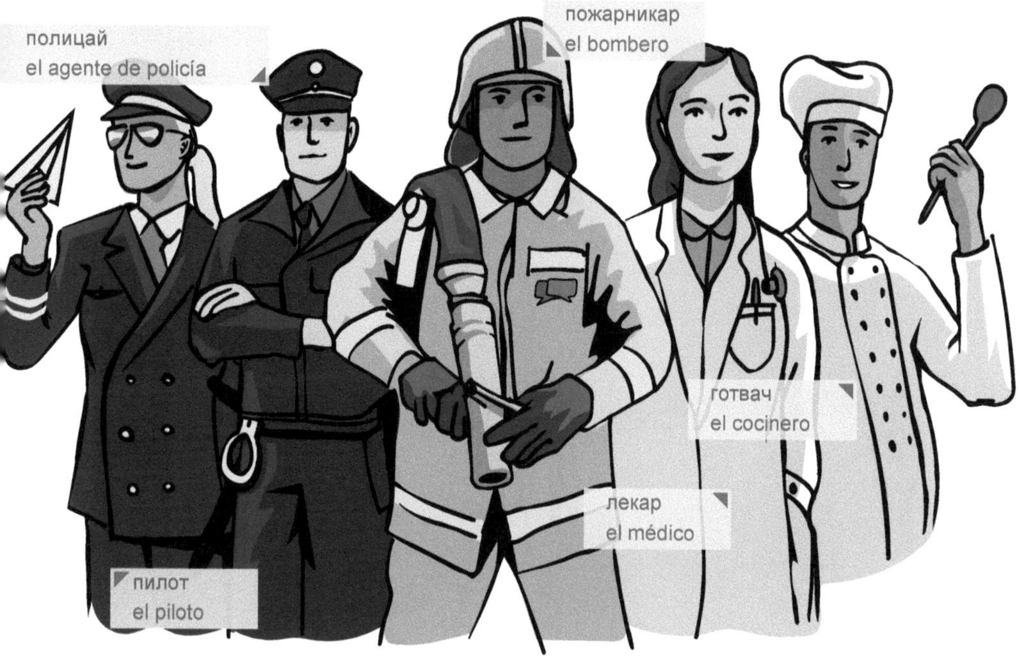

полицай
el agente de policía
пожарникар
el bombero
готвач
el cocinero
лекар
el médico
пилот
el piloto

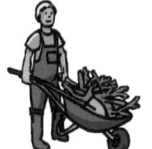

градинар

el jardinero

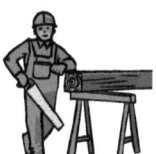

мебелист

el carpintero

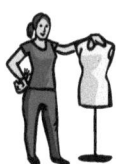

шивачка

la costurera

съдия

el juez

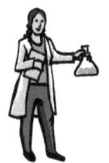

химик

el farmacéutico

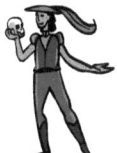

артист

el actor

шофьор на автобус

el conductor de autobús

шофьор на такси

el taxista

рибар

el pescador

чистачка

la señora de la limpieza

майстор на покриви

el techador

келнер

el camarero

ловец

el cazador

художник

el pintor

хлебар

el panadero

електротехник

el electricista

строителен работник

el obrero

инженер

el ingeniero

касапин

el carnicero

тенекеджия

el fontanero

пощальон

el cartero

професии - los oficios

войник

el soldado

архитект

el arquitecto

касиер

el cajero

цветар

el florista

фризьор

el peluquero

кондуктор

el revisor

механик

el mecánico

капитан

el capitán

зъболекар

el dentista

научен работник

el científico

равин

el rabino

имàм

el imán

монах

el monje

свещеник

el sacerdote

инструменти

las herramientas

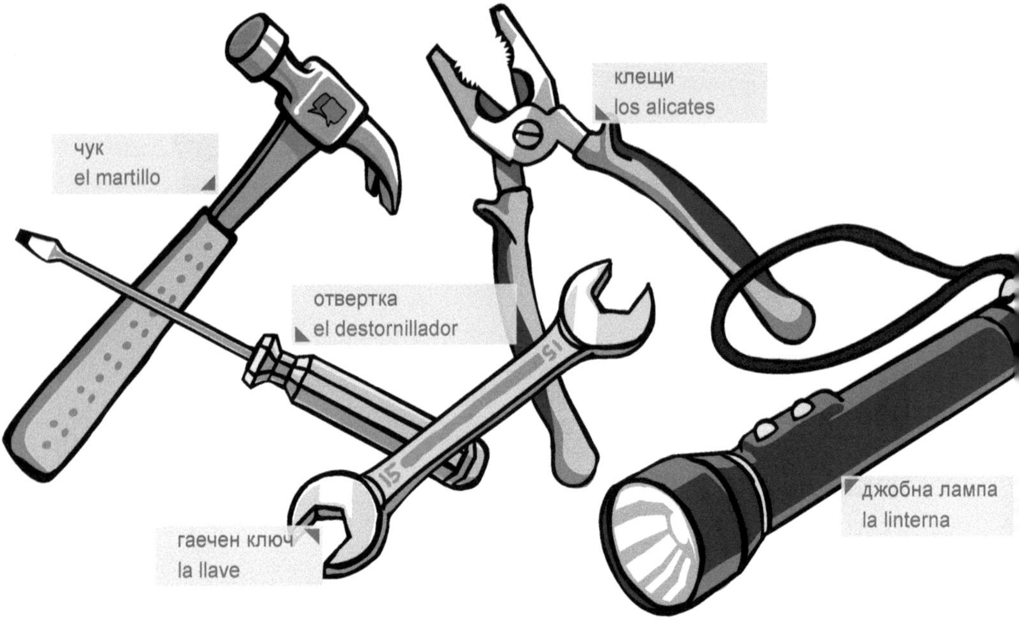
клещи
los alicates
чук
el martillo
отвертка
el destornillador
джобна лампа
la linterna
гаечен ключ
la llave

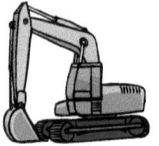

багер

la excavadora

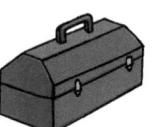

кутия за инструменти

la caja de herramientas

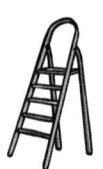

стълба

la escalera de mano

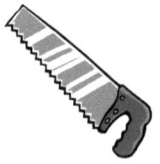

трион

la sierra

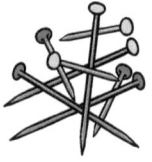

пирони

los clavos

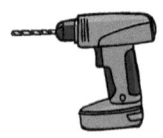

бормашина

el taladro

ремонтирам

reparar

лопата

la pala

По дяволите!

¡Maldita sea!

лопатка за смет

el recogedor

кутия за боя

el bote de pintura

болтове

los tornillos

музикални инструменти
los instrumentos musicales

ударни инструменти
la batería

високоговорител
el altavoz

китара
la guitarra

контрабас
el contrabajo

тромпет
la trompeta

пиано

el piano

виолина

el violín

контрабас

bajo

тимпан

los timbales

барабан

el tambor

електрическо пиано

el teclado

саксофон

el saxofón

флейта

la flauta

микрофон

el micrófono

зоологическа градина

el zoo

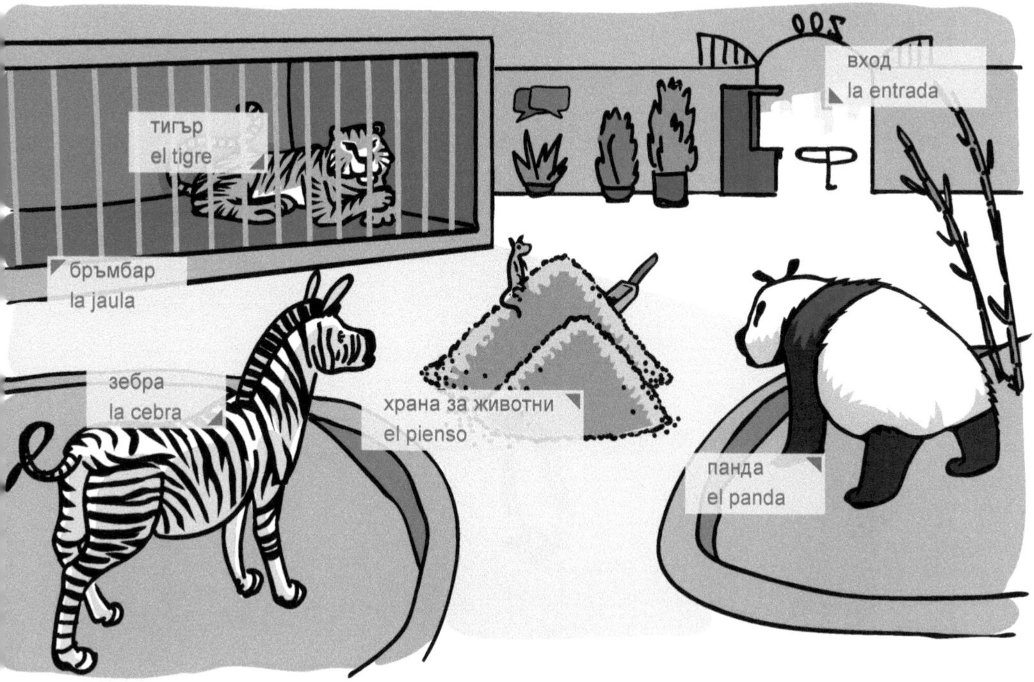
вход
la entrada
тигър
el tigre
бръмбар
la jaula
зебра
la cebra
храна за животни
el pienso
панда
el panda

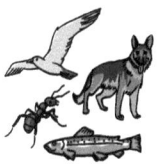

животни

los animales

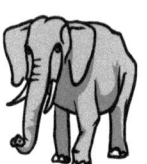

слон

el elefante

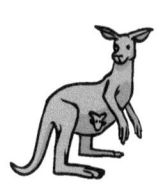

кенгуру

el canguro

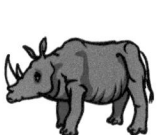

носорог

el rinoceronte

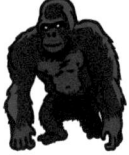

горила

el gorila

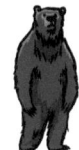

мечка

el oso

камила

el camello

щраус

el avestruz

лъв

el león

маймуна

el mono

фламинго

el flamingo

папагал

el loro

бяла мечка

el oso polar

пингвин

el pingüino

акула

el tiburón

паун

el pavo real

змия

la serpiente

крокодил

el cocodrilo

пазач в зоологическа
градина

el guardián de zoológico

тюлен

la foca

ягуар

el jaguar

пони

el poni

леопард

el leopardo

хипопотам

el hipopótamo

жираф

la jirafa

орел

el águila

диво прасе

el jabalí

риба

el pescado

костенурка

la tortuga

морж

la morsa

лисица

el zorro

газела

la gacela

американски футбол
el fútbol americano

колоездене
el ciclismo

тенис
el tenis

баскетбол
el baloncesto

плуване
la natación

хокей на лед
el hockey sobre hielo

бокс
el boxeo

футбол
el fútbol

бадминтон
el bádminton

лека атлетика
el atletismo

хандбал
el balonmano

ски бягане
el esquí

поло
el polo

дейности
las actividades

смея се
reír
скачам
saltar
прегръщам
abrazar
вървя
caminar
пея
cantar
сънувам
soñar
моля се
rezar
целувам
besar

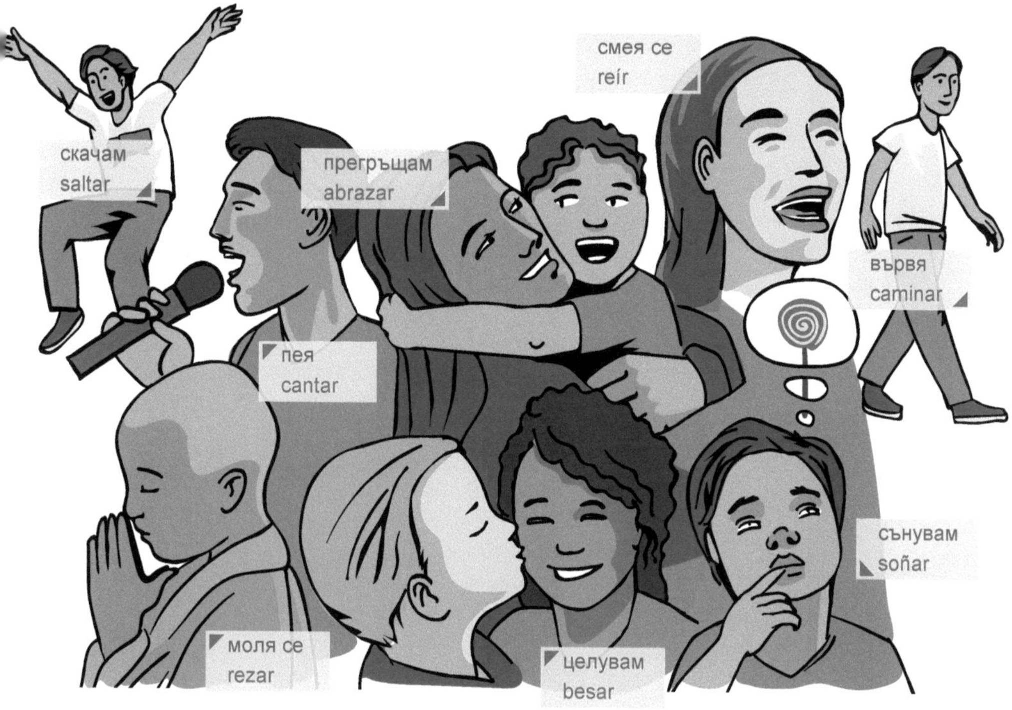

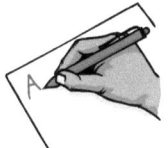

пиша
escribir

рисувам
dibujar

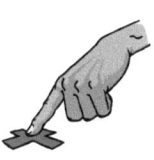

показвам
mostrar

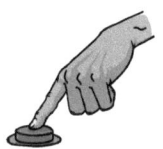

бутам
empujar

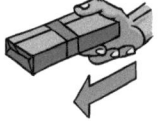

давам
dar

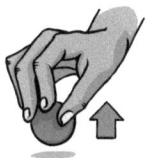

взимам
tomar

имам

tener

правя

hacer

съм

ser

стоя

estar de pie

тичам

correr

дърпам

tirar

хвърлям

tirar

падам

caer

лежа

yacer

чакам

esperar

нося

llevar

седя

estar sentado

обличам

vestirse

спя

dormir

събуждам се

despertar

разглеждам

mirar

плача

llorar

милвам

acariciar

реша се

peinar

говоря

hablar

разбирам

entender

питам

preguntar

слушам

escuchar

пия

beber

ям

comer

разтребвам

ordenar

обичам

amar

готвя

cocinar

карам автомобил

conducir

летя

volar

плавам (с платна)

navegar

смятане

calcular

чета

leer

уча

aprender

работя

trabajar

женя се

casarse

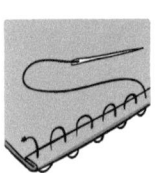

шия

coser

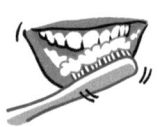

измивам си зъбите

cepillarse los dientes

убивам

matar

пуша

fumar

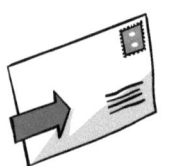

изпращам

enviar

баба
la abuela

дядо
el abuelo

баща
el padre

майка
la madre

бебе
el bebé

дъщеря
la hija

син
el hijo

посетител

el invitado

леля

la tía

чичо

el tío

брат

el hermano

сестра

la hermana

тяло

el cuerpo

чело
la frente
око
el ojo
рамо
el hombro
пръст
el dedo
лице
la cara
брадичка
la barbilla
ръка
la mano
крак
la pierna
гърди
el pecho
ръка
el brazo

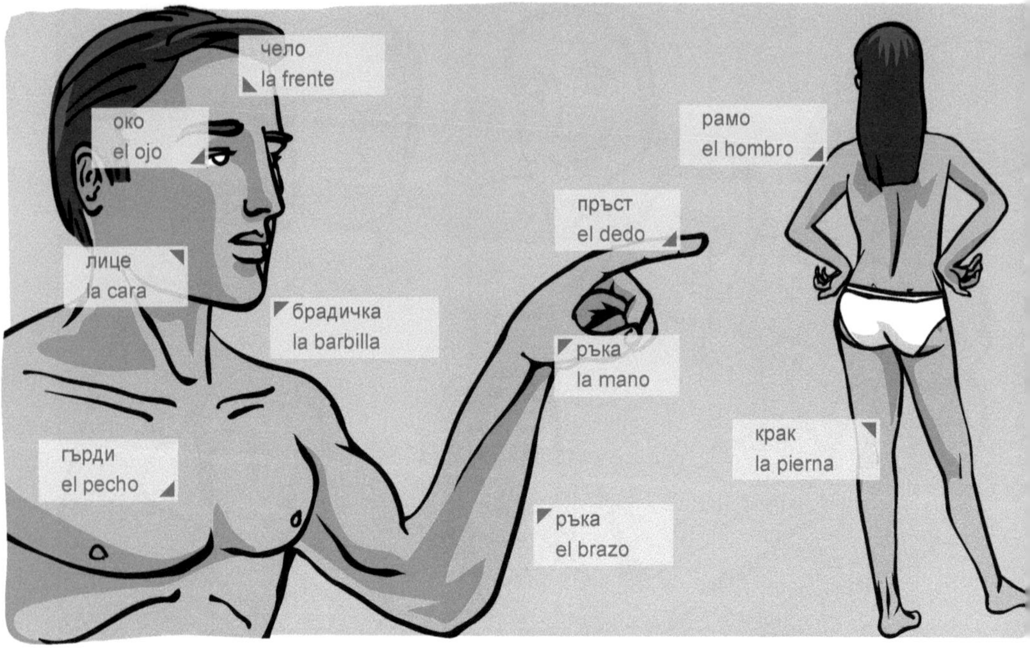

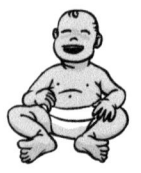

бебе

el bebé

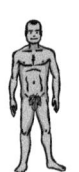

мъж

el hombre

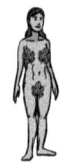

жена

la mujer

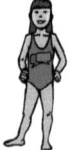

момиче

la chica

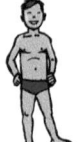

момче

el chico

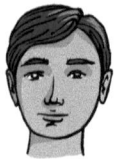

глава

la cabeza

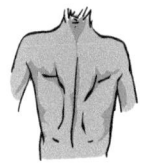

гръб

la espalda

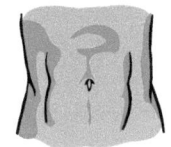

корем

el vientre

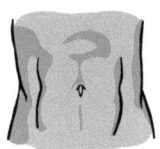

пъп

el ombligo

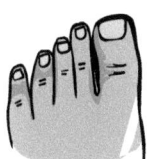

пръст на крака

el dedo del pie

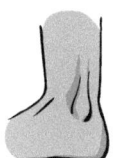

пета

el talón

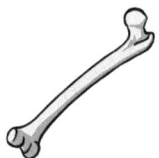

кост

el hueso

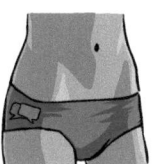

хълбок

la cadera

коляно

la rodilla

лакът

el codo

нос

la nariz

седалище

el trasero

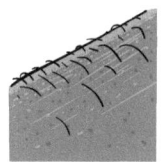

кожа

la piel

буза

la mejilla

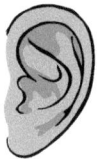

ухо

el oído

устна

el labio

тяло - el cuerpo

уста

la boca

зъб

el diente

език

la lengua

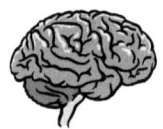

мозък

el cerebro

сърце

el corazón

мускул

el músculo

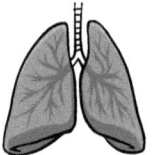

бял дроб

el pulmón

черен дроб

el hígado

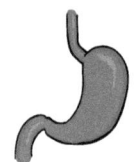

стомах

el estómago

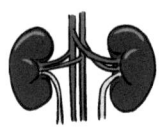

бъбреци

los riñones

полово сношение

el sexo

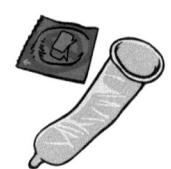

кондом

el condón

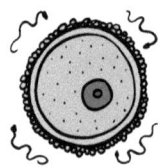

яйцеклетка

el ovario

сперма

el semen

бременност

el embarazo

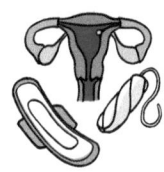

менструация
·····················
la menstruación

вагина
·····················
la vagina

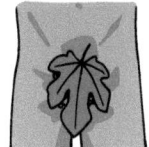

пенис
·····················
el pene

вежда
·····················
la ceja

коса
·····················
el pelo

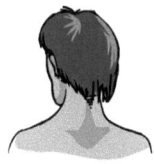

шия
·····················
el cuello

болница
el hospital

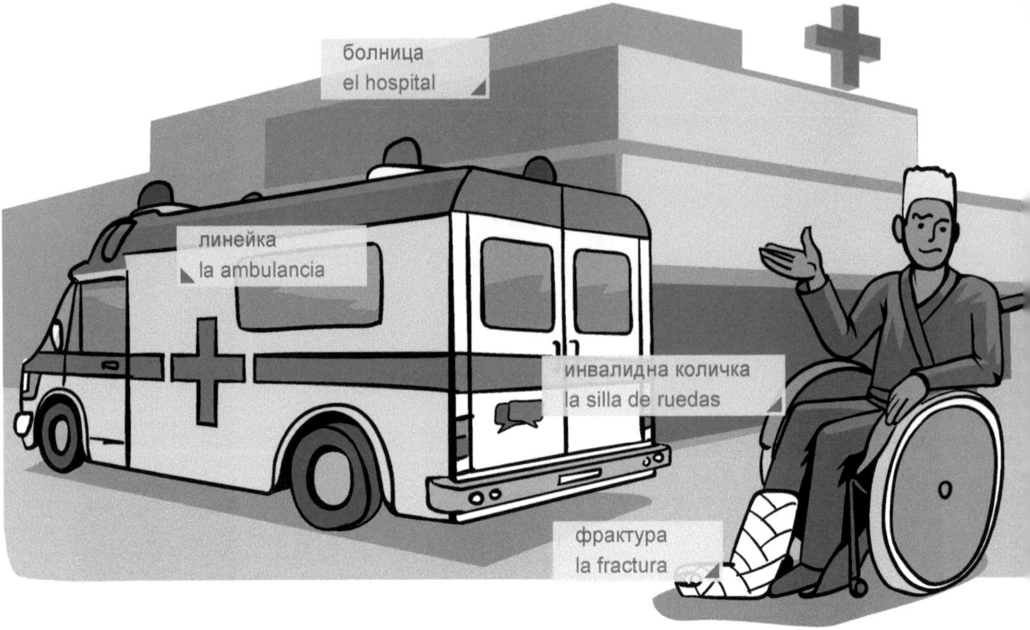
болница
el hospital
линейка
la ambulancia
инвалидна количка
la silla de ruedas
фрактура
la fractura

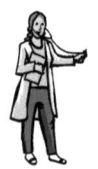

лекар

el médico

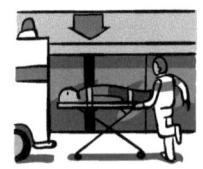

спешна хоспитализация

la sala de urgencias

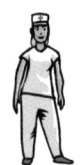

медицинска сестра

la enfermera

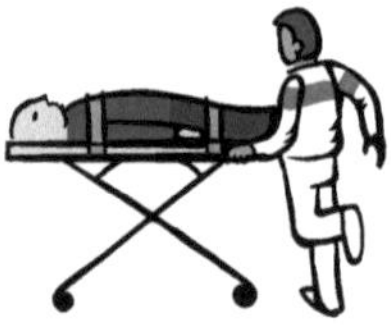

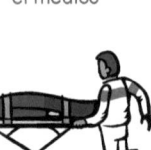

спешен случай

la urgencia

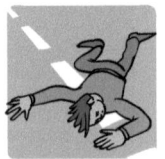

в безсъзнание

inconsciente

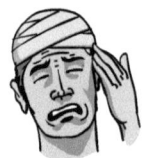

болка

el dolor

нараняване

la lesión

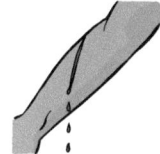

кървене

la hemorragia

инфаркт

el infarto

инсулт

el ictus

алергия

la alergia

кашлица

la tos

температура

la fiebre

грип

la gripe

диария

la diarrea

главоболие

el dolor de cabeza

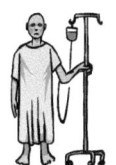

рак

el cáncer

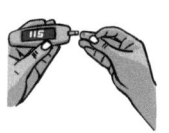

диабет

la diabetes

хирург

el cirujano

скалпел

el bisturí

операция

la operación

компютърна томография

TAC

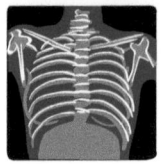

рентген

los rayos x

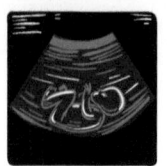

ултразвук

el ultrasonido

маска

la mascarilla

болест

la enfermedad

чакалня

la sala de espera

патерица

la muleta

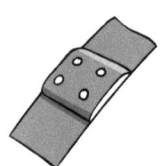

пластир

la tirita

превръзка

la venda

инжекция

la inyección

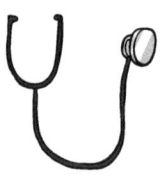

стетоскоп

el estetoscopio

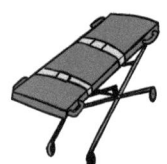

носилка

la camilla

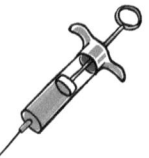

термометър

el termómetro

раждане

el nacimiento

наднормено тегло

el sobrepeso

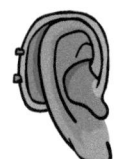

слухов апарат
el audífono

дезинфекционно средство
el desinfectante

инфекция
la infección

вирус
el virus

HIV / AIDS
VIH / SIDA

медицина
la medicina

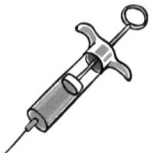

ваксинация
la vacunación

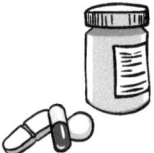

таблети
las tabletas

противозачатъчна
таблетка
la pastilla

спешно телефонно
обаждане
la llamada de urgencia

апарат за измерване на
кръвното налягане
el tensiómetro

болен / здрав
enfermo / sano

Помощ!

¡Socorro!

сигнал за тревога

la alarma

нападение

el asalto

атака

el ataque

опасност

el peligro

аварien изход

la salida de emergencia

Пожар!

¡Fuego!

пожарогасител

el extintor de incendios

злополука

el accidente

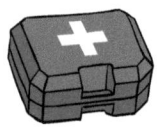

комплект за оказване на
първа помощ

el botiquín de primeros
auxilios

SOS

SOS

полиция

la policía

Европа

Europa

Северна Америка

Norteamérica

Южна Америка

Sudamérica

Африка

África

Азия

Asia

Австралия

Australia

Атлантически океан

el atlántico

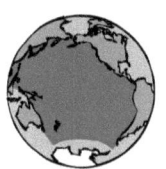

Тихи океан

el Pacífico

Индийски океан

el Océano Índico

Южен ледовит океан

el Océano Antártico

Северен ледовит океан

el Océano Ártico

Северен полюс

el polo norte

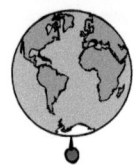

Южен полюс

el polo sur

Антарктида

La Antártida

Земя

la tierra

суша

la tierra

море

el mar

остров

la isla

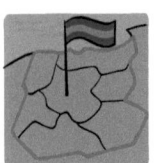

нация

la nación

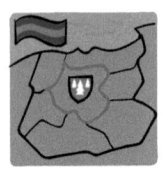

държава

el estado

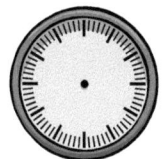

циферблат

la esfera

стрелка на часовете

la manecilla de las horas

стрелка на минутите

el minutero

стрелка на секундите

el segundero

Колко е часът?

¿Qué hora es?

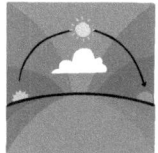

ден

el día

време

el tiempo

сега

ahora

дигитален часовник

el reloj digital

минута

el minuto

час

la hora

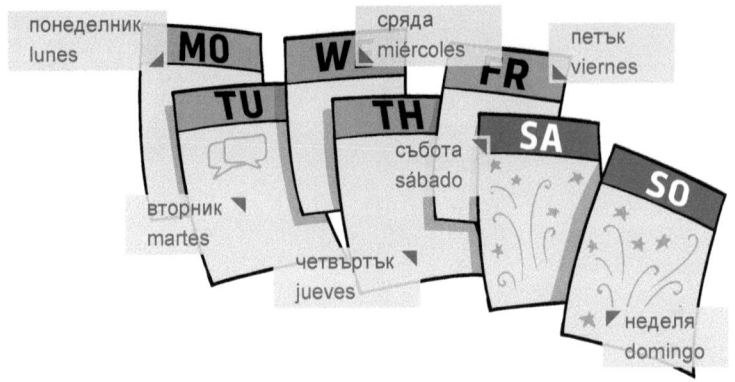

понеделник
lunes

сряда
miércoles

петък
viernes

MO

W

FR

TU

TH

SA

SO

вторник
martes

събота
sábado

четвъртък
jueves

неделя
domingo

вчера

ayer

днес

hoy

утре

mañana

сутрин

la mañana

обед

el mediodía

вечер

la tarde

MO	TU	WE	TH	FR	SA	SU
1	2	3	4	5	6	7
8	9	10	11	12	13	14
15	16	17	18	19	20	21
22	23	24	25	26	27	28
29	30	31	1	2	3	4

работни дни

los días laborables

MO	TU	WE	TH	FR	SA	SU
1	2	3	4	5	6	7
8	9	10	11	12	13	14
15	16	17	18	19	20	21
22	23	24	25	26	27	28
29	30	31	1	2	3	4

уикенд

el fin de semana

година

el año

дъжд
la lluvia
дъга
el arcoíris
сняг
la nieve
вятър
el viento
пролет
la primavera
есен
el otoño
лято
el verano
зима
el invierno

4.APRIL 11°
5.APRIL 4°
6.APRIL 13°
7.APRIL 8°
8.APRIL 10°

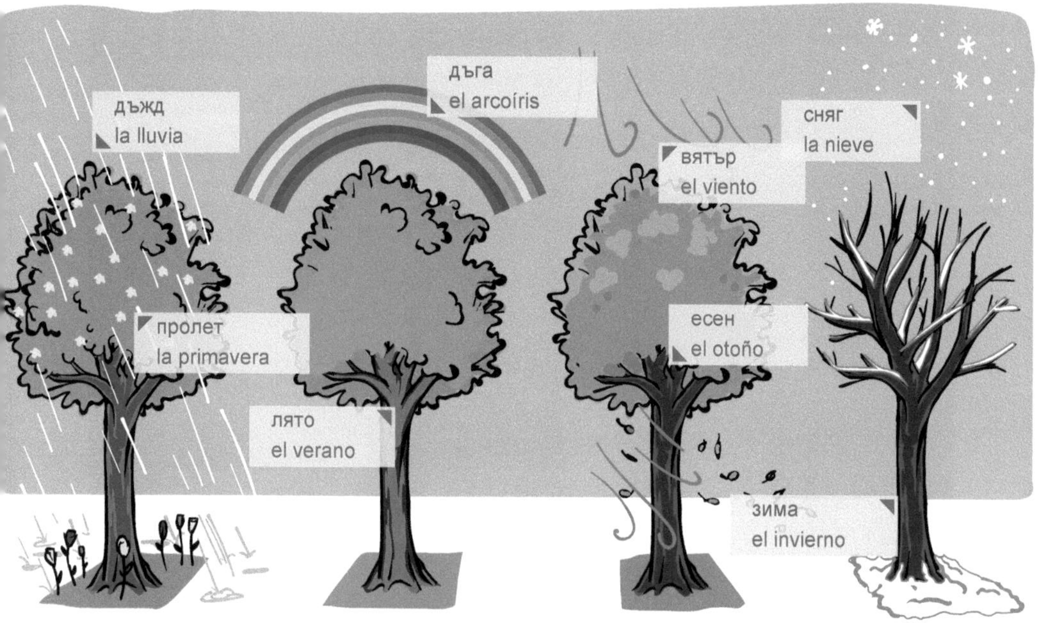

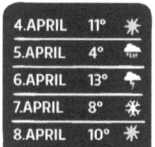

прогноза за времето

el pronóstico del tiempo

F C
120 40
90 30
60 20
30 10
0 0
-30 -10
-20

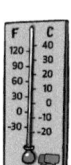

термометър

el termómetro

слънчева светлина

el sol

облак

la nube

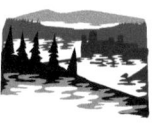

мъгла

la niebla

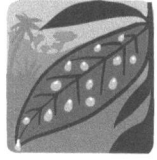

влажност на въздуха

la humedad

светкавица

el rayo

гръмотевица

el trueno

буря

la tormenta

градушка

el granizo

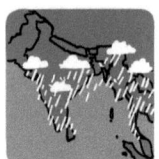

мусон

el monzón

наводнение

la inundación

лед

el hielo

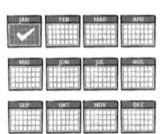

януари

enero

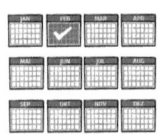

февруари

febrero

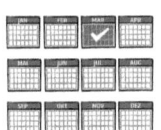

март

marzo

април

abril

май

mayo

юни

junio

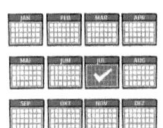

юли

julio

август

agosto

септември
....
septiembre

октомври
....
octubre

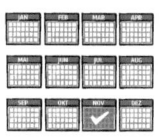

ноември
....
noviembre

декември
....
diciembre

форми
las formas

кръг
....
el círculo

квадрат
....
el cuadrado

четириъгълник
....
el rectángulo

триъгълник
....
el triángulo

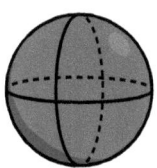

сфера
....
la esfera

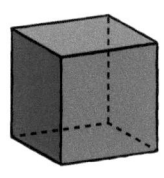

куб
....
el cubo

бял

blanco

жълт

amarillo

оранжев

anaranjado

розов

rosa

червен

rojo

лилав

morado

син

azul

зелен

verde

кафяв

marrón

сив

gris

черен

negro

много / малко

mucho / poco

ядосан / спокоен

enojado / tranquilo

красив / грозен

bonito / feo

начало / край

principio / fin

голям / малък

grande / pequeño

светъл / тъмен

claro / oscuro

брат / сестра

el hermano / la hermana

чист / мръсен

limpio / sucio

пълен / непълен

completo / incompleto

ден / нощ

el día / la noche

мъртъв / жив

muerto / vivo

широк / тесен

ancho / estrecho

ядлив / неядлив

comestible / no comestible

сърдит / любезен

malo / amable

развълнуван / скучаещ

entusiasmado / aburrido

дебел / тънък

gordo / delgado

най-напред / най-накрая

primero / último

приятел / враг

el amigo / el enemigo

пълен / празен

lleno / vacío

твърд / мек

duro / blando

тежък / лек

pesado / ligero

глад / жажда

el hambre / la sed

болен / здрав

enfermo / sano

нелегален / легален

ilegal / legal

интелигентен / глупав

inteligente / tonto

ляво / дясно

izquierda / derecha

близо / далече

cerca / lejos

нов / употребяван

nuevo / usado

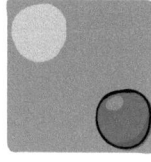

нищо / нещо

nada / algo

стар / млад

viejo / joven

вкл. / изкл.

encendido / apagado

отворен / затворен

abierto / cerrado

тих / силен (звук)

silencioso / ruidoso

богат / беден

rico / pobre

правилен / погрешен

correcto / incorrecto

грапав / гладък

áspero / suave

тъжен / щастлив

triste / contento

дълъг / къс

corto / largo

бавен / бърз

lento / rápido

мокър / сух

húmedo / seco

топъл / студен

cálido / frío

война / мир

guerra / paz

противоположности - los opuestos

0

нула

cero

1

едно

uno

2

две

dos

3

три

tres

4

четири

cuatro

5

пет

cinco

6

шест

seis

7

седем

siete

8

осем

ocho

9

девет

nueve

10

десет

diez

11

единадесет

once

12

дванадесет

doce

13

тринадесет

trece

14

четиринадесет

catorce

15

петнадесет

quince

16

шестнадесет

dieciséis

17

седемнадесет

diecisiete

18

осемнадесет

dieciocho

19

деветнадесет

diecinueve

20

двадесет

veinte

100

сто

cien

1.000

хиляда

mil

1.000.000

милион

el millón

числа - los números

английски

el inglés

американски английски

el inglés americano

китайски мандарин

el chino madarín

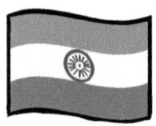

хинди

el hindi

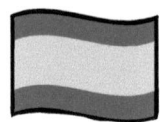

испански

el español

френски

el francés

арабски

el árabe

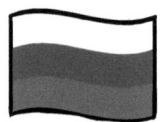

руски

el ruso

португалски

el portugués

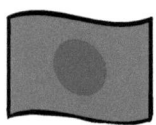

бенгалски

el bengalí

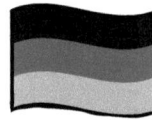

немски

el alemán

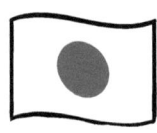

японски

el japonés

аз

yo

ти

tú

той / тя / то

él / ella / ello

ние

nosotros/as

вие

vosotros/as

те

ellos/as

кой?

¿quién?

какво?

¿qué?

как?

¿cómo?

къде?

¿dónde?

кога?

¿cuándo?

HELLO, I AM

име

el nombre

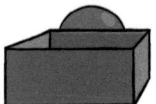

зад
....
detrás

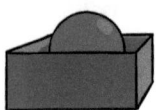

в
....
en

пред
....
delante de

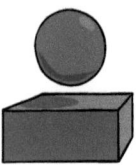

над
....
por encima de

върху
....
sobre

под
....
debajo de

до
....
junto a

между
....
entre

място
....
el lugar